W9-CZA-710

ravillas

del mundo

Fotos de las agencias
Bios - Phone
Corbis
Explorer - Hoa-Qui - Jacana
Keystone
Leemage
Rapho
Sunset

laGalera

El mausoleo de Halicarnaso

Los jardines colgantes de Babilonia

El faro de Alejandría

En la Antigüedad, los griegos consideraron que estos monumentos eran las siete maravillas del mundo. Situados alrededor del Mediterráneo, casi todos han quedado destruidos con el paso del tiempo.

El templo de Artemisa

La estatua de Zeus

El coloso de Rodas

Las pirámides de Gizeh

Los seres humanos han manifestado su sabiduría y su imaginación construyendo edificios increíbles en todos los continentes. Descubramos por ejemplo las pirámides, la única maravilla de los antiguos que aún perdura.

Las PIRÁMIDES DE GIZEH son gigantescas tumbas construidas con piedra gris por los reyes de Egipto, los faraones.

El antiguo Egipto dejó otros muchos testimonios de su genialidad.
Como la ESFINGE, una cabeza de faraón... ¡sobre un cuerpo de león!

Hecha con arcilla, con madera, con paja..., la CIUDAD DE TOMBUCTÚ,
en Mali, fue creada por los tuaregs en torno a un pozo.

Ésta es la entrada a la CIUDAD DE PETRA, en Jordania. Este templo, que recibe el nombre de "tesoro", está excavado en la roca.

EL PARTENÓN domina la ciudad de Atenas. Símbolo de la Grecia antigua, ha inspirado muchos otros monumentos en todo el mundo.

Para transportar el agua, los romanos construyeron el PONT DU GARD en Francia. Y para los juegos del circo, el COLISEO en Roma.

Éste es el Patio de los Leones de la ALHAMBRA, en Granada. Este palacio construido por los árabes es una obra maestra del arte musulmán.

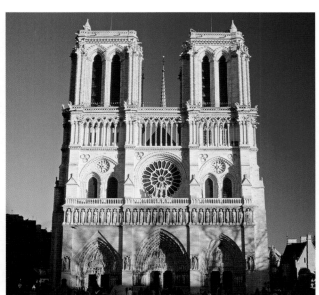

Se necesitaron casi 200 años para edificar la CATEDRAL DE NOTRE-DAME de París. Está decorada con extrañas estatuas llamadas "gárgolas".

En Moscú, dicen que Iván el Terrible impidió que los arquitectos de la CATEDRAL DE SAN BASILIO construyeran nada parecido.

Dos incendios, dos terremotos... ¡La historia de la BASÍLICA DE SANTA SOFÍA en Estambul ha sido muy movida!

Gaudí dedicó su vida a construir la SAGRADA FAMILIA de Barcelona.
No se conchuirá... ¡hasta pasado un siglo desde su muerte!

El NEUSCHWANSTEIN, en Alemania, parece un castillo
de cuento de hadas. Le costó toda su fortuna a Luis II de Baviera.

Con sus 2.000 habitaciones, sus estanques, esculturas y jardines, el PALACIO DE VERSALLES simboliza el poder de Luis XIV de Francia.

A lo largo de los siglos, el PALACIO DE LOS DUX de Venecia ha albergado un tribunal, una prisión, gobiernos... y hasta de la policía secreta.

Los bloques de piedra de STONEHENGE, en Inglaterra, son obra prehistórica. Aún no se han podido descubrir todos sus secretos...

Dos veces al día, la marea cubre la arena en torno al MONT
SAINT-MICHEL, en Francia. La ciudadela se convierte en una isla...

La TORRE EIFFEL de París es el lugar más visitado del mundo.

El BURJ AL-ARAB de Dubai es el hotel más alto del mundo.

Las torres PETRONAS de Malaisia
son de las más altas del mundo.

El EMPIRE STATE BUILDING
de Nueva York: ¡qué rascacielos!

La ESTATUA DE LA LIBERTAD
es el símbolo de Estados Unidos.

Un CRISTO enorme domina la
ciudad de Río de Janeiro, en Brasil.

¿Gigantes de piedra? Cuatro presidentes norteamericanos, cuyos rostros se tallaron en la roca del MONTE RUSHMORE.

En CHICHÉN ITZÁ, México, esta pirámide es un calendario gigante.
En total, tiene tantos escalones como días hay en el año.

El MACHU-PICCHU de Perú está encaramado en la cima de las montañas. De difícil acceso, es el mayor vestigio de la civilización inca.

Un misterio rodea a las ESTATUAS de la isla de Pascua: ¿quiénes las esculpieron, cómo, por qué? ¿Representan a los dioses, a los ancestros?

Se sabe que sus autores las tallaron cerca de un volcán.
Pero ¿cómo transportaron estos gigantes hasta la orilla del mar?

Las maravillas del mundo son víctimas a menudo de la locura
humana. Como estos BUDAS de Afganistán, destruidos recientemente.

En China, en Xian, miles de GUERREROS fueron modelados con terracota por orden de un emperador. ¡Todas sus caras son diferentes!

La GRAN MURALLA parece una cinta de piedras que recorre el norte de China. Es la construcción más larga del mundo.

Con torres para vigilar las inmediaciones, servía de fortificación contra los invasores. En algunos puntos, hoy es una ruina.

ANGKOR, en Camboya, es un conjunto de templos perdidos en medio de la jungla. Es el más vasto yacimiento arqueológico del mundo.

Los TEMPLOS DE KIYOMIZU, en Japón, ocultan una cascada de agua "milagrosa". Según la leyenda, hace que se cumplan los deseos...

Palacio de mármol y de piedras preciosas, el TAJ MAHAL, en India, es en realidad una tumba construida por un rey en memoria de su mujer.

Se dice que hizo cortar las manos a los obreros cuando acabaron.
Así, no podrían construir otra maravilla como ésta.

¿Qué os recuerda la ÓPERA de Sidney? ¿Unas conchas o un velero a punto de iniciar un largo viaje alrededor del mundo?